FAUNA Y FLORA DE MÉXICO

AL SUR DE NUESTRA FRONTERA

por Mel Higginson
Versión en español por Aída E. Marcuse

The Rourke Book Co., Inc.
Vero Beach, Florida 32964

FOTOGRAFÍAS:
© Lynn Stone: cubierta, páginas 8, 10, 12, 15, 17, 18, 21;
© Steve Bentsen: primera página, página 4; © Gary Vestal: página 7;
© Aldo Brando: página 13

Catalogado en la Biblioteca del Congreso bajo:

Higginson, Mel, 1942-
[Fauna y flora de México. Español]
Fauna y flora de México / por Mel Higginson; versión en español por Aída E. Marcuse.
p. cm. — (Al sur de nuestra frontera)
Incluye índices.
ISBN 1-55916-076-4
1. Zoología—México—Literatura juvenil. [1. Zoología—México. 2. Materiales en idioma español.] I. Título. II. Series.
QL225.H5418 1994
591.972—dc20 94-19279
CIP
AC

Printed in the USA

ÍNDICE

FAUNA Y FLORA DE MÉXICO

En los desiertos, las selvas, los matorrales y las montañas boscosas de México hay muchos animales silvestres. Otros viven en los pantanos y los ríos, en el mar, y a lo largo de las costas marinas.

México se encuentra al sur de América del Norte, entre los Estados Unidos y América Central. Muchos de los animales silvestres de los Estados Unidos también habitan en México. Pero además, México cuenta con muchos animales originarios de América Central y América del Sur, como el **tapir** y el rey de los zopilotes, o buitre real.

El pecarí vive a ambos lados de la frontera entre los Estados Unidos y México

LOS INSECTOS

México posee uno de los grupos de insectos más fantástico de América del Norte, debido a que doscientos millones de mariposas monarcas pasan el invierno en las montañas de la cadena Sierra Madre.

Para llegar a la Sierra Madre de México, las mariposas monarcas vuelan cientos de kilómetros desde los Estados Unidos hacia el sur. Cuando se detienen a descansar colorean las ramas, los troncos y las hojas de los árboles de naranja, negro y blanco.

Después de pasar el invierno en los frescos bosques de las montañas de México, las mariposas **migran,** es decir, viajan, nuevamente hacia el norte.

En las montañas de la Sierra Madre, las mariposas monarcas cuelgan en las ramas de los árboles como si fueran hojas

LOS REPTILES

Los **reptiles** de México viven en zonas húmedas y secas, en tierras montañosas y al nivel del mar. Entre los más comunes se cuentan las serpientes y los lagartos. Dos de las serpientes mexicanas más interesantes son la víbora de cascabel y la boa constrictor.

México es el único país del mundo habitado por dos clases de lagartos venenosos. El dentudo monstruo de Gila y el lagarto de cuentas, su primo cercano, viven en los desiertos.

En el país también hay cocodrilos americanos, que están en **vías de extinción,** y muchas tortugas marinas. Éstas también están en peligro de extinción, es decir, de desaparecer para siempre.

Aunque la mordedura del monstruo de Gila es venenosa, no presenta peligro para los seres humanos

LAS AVES DE PRESA

México cuenta con una gran variedad de aves de presa–halcones, águilas, buitres y búhos–. Cerca de las costas hay águilas pescadoras. Las águilas reales cazan conejos y otros pequeños animales a campo abierto.

El buitre real o rey de los zopilotes, (como el de la cubierta delantera), es muy pintoresco. En realidad no es un ave de presa, sino un ave de rapiña. Estas grandes y hermosas aves no matan a otros animales, como los demás pájaros, sino que se alimentan de los que encuentran muertos.

El caracara, un ave de rapiña, también es llamado "águila mexicana"

El jaguar es el más grande de los predadores terrestres de México

El águila crestada blanca y negra habita en las riberas boscosas de los ríos del sur de México

LAS AVES DE TIERRA

En los Estados Unidos y el Canadá combinados, hay unas seiscientas clases de pájaros. En México hay más de mil. La mayoría de las aves mexicanas son pájaros de tierra, es decir, que viven y cazan en las regiones secas.

En México viven muchos de los pájaros que habitan en los Estados Unidos. Pero además tiene otros, como **tucanes** y diez y nueve clases de loros. Algunos pájaros mexicanos tienen nombres realmente extraños, como el agujereador de flores, también llamado diglosa, el pájaro azucarero o mielero común, el momoto, el trepatroncos y el tiaris bicolor.

Los papagayos escarlata viven en los bosques lluviosos del sur de México

LAS AVES ACUÁTICAS

Los pantanos, lagos, ríos y más de 6.000 millas (9.900 kilómetros) de costas, ofrecen buenos habitáculos, o moradas, a las aves acuáticas, que se alimentan de las plantas o animales que encuentran en el agua.

Las aves acuáticas más grandes de México son dos clases de pelícanos, el marrón y el blanco. Otros pájaros acuáticos de gran tamaño, como los airones y las garzas, tienen patas largas que les permiten vadear fácilmente y largos y afilados picos para ensartar los peces.

En México, además, hay muchos otros tipos de aves acuáticas, como las gaviotas, las golondrinas de mar, los patos y los gansos.

Los pelícanos blancos, que son las aves acuáticas más grandes de México, pasan el invierno en las costas del país

LOS MAMÍFEROS MARINOS

Todos los mamíferos marinos pasan la mayor parte de sus vidas en el océano. La vida de las marsopas y las ballenas transcurre enteramente en el océano. Algunas focas, como los osos marinos y los enormes leones marinos, se trepan a islotes para descansar y dar a luz.

En el Mar de Cortés, en la costa occidental de México, invernan las ballenas grises de California. Para dar a luz a sus ballenatos, esas ballenas de 45 pies (13.5 metros) de largo, se refugian en las tibias **ensenadas** de ese mar.

Los leones marinos se trepan a los islotes arenosos de las costas de México

LOS MAMÍFEROS VEGETARIANOS

Los mamíferos vegetarianos pueden ser pequeños, como los ratones y los conejos, o de buen tamaño, como los ciervos y los carneros de cuernos grandes. En México viven muchos mamíferos, grandes y pequeños, que se alimentan exclusivamente de plantas. Algunos de los más grandes–ciervos, berrendos, **pecaríes** y carneros de cuernos grandes del desierto–, también viven en el suroeste de los Estados Unidos.

Algunos mamíferos vegetarianos, como el mono araña, el mono aullador, el tapir y el **agutí,** no viven en el norte de México.

Los animales que se alimentan de plantas son **presas,** o alimento, para los **predadores,** o animales carnívoros.

Estos carneros de cuernos grandes viven en las regiones desérticas del norte de México

LOS MAMÍFEROS CARNÍVOROS

Seis de los predadores de México son gatos salvajes. El más grande es el jaguar. Un jaguar puede llegar a pesar 300 libras (135 kilogramos). En México también se encuentran leones de montaña, linces, jaguarundis o leoncillos, ocelotes y margays–unos pequeños gatos monteses moteados–.

Además, en México viven muchos predadores de pelo largo, como zorros, coyotes, osos negros, cacomixtles u osos lavadores, tejones y mofetas.

Los murciélagos, armadillos y osos hormigueros mexicanos se alimentan de insectos.

Glosario

agutí — roedor del tamaño de un conejo que habita en México, América Central y América del Sur

ensenada — masa de agua unida a otra masa de agua de mayor tamaño

en vías de extinción — muy raro, en peligro de desaparecer

migrar — viajar de un lugar a otro, siempre en la misma época del año

pecarí — pequeño cerdo salvaje también llamado javelina

predador — animal que se alimenta de otros animales

presa — animal que es cazado por otro animal, al que sirve de alimento

reptil — grupo de animales de sangre fría que incluye a los lagartos, las serpientes, las tortugas, los yacarés y los cocodrilos

tapir — animal grande y de patas cortas que tiene cascos y un labio superior largo, curvado hacia abajo

tucán — un pájaro que se alimenta de frutas y tiene un pico grande y largo

ÍNDICE ALFABÉTICO